A M. FÉLIX SOLAR

Mon cher ami,

Il fallait d'une façon ou d'une autre que votre nom se trouvât associé au jeu de Sylvia, c'est pourquoi je le mets en tête de ce petit acte.

AMÉDÉE ACHARD.

26 mars

LE

JEU DE SYLVIA

COMÉDIE EN UN ACTE

PAR

M. AMÉDÉE ACHARD

Représentée pour la première fois à Paris, sur le théâtre du Vaudeville,
le 26 mars 1859.

PERSONNAGES

LE MARQUIS.	M. FÉLIX.
LE CHEVALIER	M. LAFONTAINE.
SALOMON.	M. GALABERT.
SYLVIA.	Mlle FARGEUEIL.
ALMANZOR.	Mlle ULRIC.

PARIS

LIBRAIRIE NOUVELLE

BOULEVARD DES ITALIENS, 15

A. BOURDILLIAT ET Cie, ÉDITEURS

1859

LE JEU DE SYLVIA

La chambre à coucher de Sylvia. — Meubles somptueux; à gauche, un sofa; à droite, une bergère et une table; étagères, chinoiseries. — Une porte au fond; porte à l'angle à droite, — Sylvia est à moitié déshabillée sur le sofa.

SCÈNE PREMIÈRE

ALMANZOR, SYLVIA.

ALMANZOR, derrière la porte.

Mademoiselle !

SYLVIA.

Je dors... que me veux-tu ?

ALMANZOR.

Mademoiselle, il y a là, sur l'escalier, un gentilhomme qui fait un bruit d'enfer.

SYLVIA.

Laisse-le faire..

ALMANZOR.

Et il jure par tous les diables qu'il a à vous parler.

SYLVIA.

Comment, me parler ?... Quelle heure est-il donc ?

ALMANZOR.

Midi.

SYLVIA.

Est-ce qu'on entre chez une femme à pareille heure...
voyez comme je suis faite... sans rouge et sans corps...

ALMANZOR.

C'est peut-être pour ça qu'il veut entrer... (Il entr'ouvre la
porte.)

SYLVIA.

Petit sot!... c'est quelque mousquetaire qui aura soupé
au cabaret et qui se trompe de porte... Almanzor, prie-le
de s'en aller ou envoie chercher le guet.

ALMANZOR.

Oui, mademoiselle... (Il referme la porte.)

SYLVIA, elle se retourne à demi sur le sopha.

Mais je ne me suis donc pas couchée hier au soir... voyons
donc! J'ai soupé avec M. de Marivaux après avoir joué
Araminte... Le chevalier m'a ramenée chez moi dans son
carrosse... nous avons regardé la lune à la fenêtre. Il est
fort bizarre ce chevalier... Il jure qu'il m'aime à en perdre
la tête... et moi, est-ce que je l'aime ?... Est-ce qu'on sait
quand aime ?... Quel est ce bruit !

UN LAQUAIS, en dehors.

On n'entre pas.

ALMANZOR, ouvrant vivement la porte.

Mademoiselle, ce mousquetaire s'ouvre un passage l'épée
à la main... vos trois laquais ont peine à le retenir dans
l'antichambre.

LE MARQUIS, en dehors.

Maroufles !

AUTRE LAQUAIS.

Mais, monsieur...

LE MARQUIS, de même.

Bélîtres !

SYLVIA.

Qu'on le pousse dans l'escalier... cours.

ALMANZOR.

Eh ! mademoiselle, il a déjà couché votre coureur sur le
carreau et jeté par terre vos deux porteurs de chaise !

LE MARQUIS, à la cantonade.

Canaille !

SYLVIA, se levant.

Eh ! mon Dieu ! qu'est-ce que c'est que cet homme-là ?

ALMANZOR, fuyant.

Il a dit qu'il s'appelait M. de Laguerche.

SYLVIA.

Laguerche ! Eh ! que ne le disais-tu ? C'est le chevalier...
(Courant à la porte.) Entrez, entrez donc, mon cher Laguerche?

SCÈNE II

SYLVIA, LE MARQUIS. (Il entre l'épée à la main.)

LE MARQUIS.

Par la sambleu, mademoiselle,... vous êtes bien gardée...

SYLVIA.

Oh ! ciel !... ce n'est pas le chevalier ! Au secours ! à la
garde !

LE MARQUIS.

Eh ! que de bruit ! voulez-vous réveiller les voisins ?

SYLVIA.

Mais, monsieur, je ne vous connais pas, sortez...

LE MARQUIS.

J'ai eu trop de peine à entrer pour m'en aller sitôt... permettez-moi de m'asseoir... (Il remet son épée au fourreau)

SYLVIA.

Vous avez l'habit d'un gentilhomme et vous portez une
épée... mais il n'y a qu'un laquais qui s'introduise chez une

femme comme vous l'avez fait, en prenant un nom qui n'est pas le sien.

LE MARQUIS.

Je n'ai pris le nom de personne; autant vaut garder le sien... quand on s'appelle Laguerche.

SYLVIA.

Vous? J'ai soupé avec monsieur de Laguerche hier au soir...

LE MARQUIS.

Vous avez soupé, mademoiselle, avec le chevalier de Laguerche, et je suis le marquis de Laguerche, son cousin, avez qui vous déjeunerez, s'il vous plaît. L'air est vif ce matin, et j'ai grand appétit!... Almanzor, apportez le chocolat, petit drôle, et dites en bas, que je n'y suis pour personne. (Almanzor, qui est rentré à l'appel du marquis, sort et revient portant un plateau qu'il pose sur un guéridon, près du sofa ; après quoi il se retire.)

SYLVIA.

En vérité, monsieur le marquis, votre conduite est du dernier impertinent. Si vous vouliez me faire l'honneur de me demander à déjeuner, vous auriez dû me prévenir, et vous informer au moins, si je l'avais pour agréable.

LE MARQUIS.

Il ne s'agit ni de mon agrément ni du vôtre, mademoiselle, mais d'une affaire sérieuse. Le chevalier...

SYLVIA, jouant.

Oh! ciel! n'achevez pas... il me trahit.

LE MARQUIS.

Bon!... Avouez que vous vous y attendiez, et que vous pensiez même que cela tardait un peu...

SYLVIA.

Monsieur!...

LE MARQUIS.

Je ne chicanerai pas votre désespoir, si ça peut vous faire plaisir... mais il s'agit de bien autre chose que d'une trahison...

SYLVIA, avec un cri.

Ah ! il est mort...

LE MARQUIS.

Autant vaut... il est amoureux et amoureux de bonne foi...

SYLVIA, se remettant.

Et de qui, monsieur le marquis?...

LE MARQUIS.

De vous, belle Araminte...

SYLVIA, jouant.

Oh?

LE MARQUIS.

Gardez ce joli *oh!* pour la scène, friponne... vous jouez la surprise à ravir, comme le désespoir.

SYLVIA.

Mais, si monsieur le chevalier est amoureux de moi, que puis-je y faire?...

LE MARQUIS.

Beaucoup ! Voulez-vous que nous parlions franchement ? Le chevalier est un amant à tirade, comme vous en avez trop dans les comédies... et pour une comédienne, cela n'a pas de ragoût...

SYLVIA.

Mais le chevalier n'est pas seulement beau parleur, il est beau garçon !

LE MARQUIS.

A quoi bon ! Un amant, est-ce que cela se regarde?...

SYLVIA.

Le chevalier est à la mode.

LE MARQUIS.

Parce que vous l'y avez mis.

SYLVIA.

Il a beaucoup de cœur...

LE MARQUIS.

A quoi cela sert-il?...

SYLVIA.

Beaucoup d'esprit !

LE MARQUIS.

La belle affaire, dans un temps où il n'est pas un gentil-homme qui n'ait dans son antichambre un philosophe ou deux...

SYLVIA.

Et tout bien examiné, autant vaut lui qu'un autre.

LE MARQUIS.

Autant vaudrait, alors, un autre que lui.

SYLVIA.

Vous, peut-être?...

LE MARQUIS.

Palsambleu, vous ne trouverez pas mieux.

SYLVIA.

Mais enfin, monsieur, que voulez-vous? que signifie votre visite et votre ton? Et je ne sais vraiment lequel des deux me blesse le plus. Vous avez pris votre chocolat... Si c'est une gageure, vous l'avez gagnée... Maintenant, laissez-moi.

LE MARQUIS.

Un instant, mademoiselle. Nous avons parlé à cœur ouvert...

SYLVIA.

Que vous en semble?...

LE MARQUIS.

Il ne me reste qu'à conclure, et je conclus que vous n'aimez pas le chevalier immodérément !...

SYLVIA.

Plût au ciel que je l'aimasse ainsi, je ne m'ennuierais pas autant... Mais que vous importe, puisque je vous aime encore moins, vous.

(Almanzor rentre et prend le plateau qu'il emporte.)

LE MARQUIS.

Alors, permettez-moi de m'agenouiller à vos pieds et

d'implorer votre pitié pour un pauvre cadet de famille que votre fidélité inattendue va réduire à la besace.

SYLVIA.

Qu'est-ce que cela signifie?

LE MARQUIS.

Cela signifie, belle Sylvia, que le chevalier a mangé en quelques mois sa légitime avec vous. C'était dans l'ordre, et je lui en aurais voulu s'il eût fait autrement... Mais il est aujourd'hui plus gueux que Job.

SYLVIA.

Monsieur, ma bourse est à son service... mes amants sont mes amis...

LE MARQUIS.

Trop généreuse Araminte, quand on emprunte à un ami, on peut ne pas rendre; mais à une maîtresse, c'est bien différent. Dette d'amour, dette de jeu; cela se paye toujours.

SYLVIA.

En ce cas, que puis-je faire?

LE MARQUIS.

Nous donner notre congé, Sylvia adorée, moyennant quoi, nous consentons à épouser une fille de robin qui languit pour nous et qui nous apporte en dot cent mille écus et une terre.

SYLVIA.

Eh! que ne parliez-vous plus tôt! Ce pauvre chevalier, on veut l'enrobiner, mais c'est fort sage... Contez-moi donc cela...

LE MARQUIS.

Il est de la cour; madame la marquise de Pompadour lui veut du bien; on lui a ménagé mademoiselle Aubry, la fille d'un conseiller; mais le petit chevalier refuse héroïquement. Il dit que son cœur est parti... La famille est au désespoir... On s'informe où a pu aller le cœur de monsieur le chevalier, et j'ai trouvé, en voyant où allaient ses yeux, un soir de comédie italienne.

SYLVIA.

Ainsi, vous venez me demander une trahison ?

LE MARQUIS.

Eh! mon Dieu, un peu plus tôt, un peu plus tard...

SYLVIA

Ce pauvre chevalier!

LE MARQUIS.

Faites cela pour nous.

SYLVIA.

C'est bien le moins en effet que je puisse faire pour lui...
Allons, je vous le rends.

LE MARQUIS.

Merci.

SYLVIA.

Mais ça me dérange...

LE MARQUIS.

Je le comprends, en attendant vous plairait-il de moi?

SYLVIA.

Prenez garde.

LE MARQUIS.

Je me risque.

SYLVIA.

Nous ferons nos conditions.

LE MARQUIS.

Je les accepte.

SYLVIA.

Nous ne nous aimerons jamais.

LE MARQUIS.

Si nous nous aimions, où serait le plaisir?

SYLVIA.

Je vous ruinerai...

LE MARQUIS.

Je vous aiderai.

SYLVIA.

Je vous afficherai.

LE MARQUIS.

A la porte même du théâtre, si cela vous plaît.

LE CHEVALIER, en dehors.

Peut-on entrer?...

LE MARQUIS.

Le chevalier!

SYLVIA.

Eh! vite! mettez-vous à mes genoux... là... baisez ma main. Il faut tout vous dire... j'aime à brusquer les explications.

LE MARQUIS.

Et moi les dénoûments.

SYLVIA, haut.

Entrez, Almanzor.

SCÈNE III

LE MARQUIS, SYLVIA, LE CHEVALIER.

SYLVIA, jouant.

Ciel! le chevalier!

LE CHEVALIER.

Ah! perfide!

LE MARQUIS, toujours à genoux.

Quel est donc l'indiscret?... Ah! c'est toi, chevalier!

(Il se relève.)

SYLVIA, de même.

Je ne puis nier ce que vos yeux...

LE MARQUIS, se levant.

Chevalier, je ne t'en veux pas, mais je rosserai Almanzor...

LE CHEVALIER.

Trêve de plaisanterie, marquis. Tout ceci pourrait finir plus tragiquement que tu ne le penses.

LE MARQUIS.

Parbleu ! tu me la donnes belle ! Je te surprends à la
porte de ma Sylvia, entrant comme un vainqueur et tu te
fâches !

LE CHEVALIER.

Je te trouve à ses genoux comme un amant heureux, et
tu railles !...

LE MARQUIS.

Oh ! pas de quiproquo ! Te plaît-il de raisonner, chevalier ? raisonnons : quel est celui qui a joué le rôle du mari ?
Qui est-ce qui a joué le rôle de l'amant ? Je dis que c'est
moi qui suis Saganarelle, puisque j'étais ici avant toi.

LE CHEVALIER.

Et que m'importe, puisque elle n'est pas toute à moi !

LE MARQUIS.

Toute !... l'égoïste !...

LE CHEVALIER.

Ah ! Sylvia ! on m'avait bien dit que vous seriez infidèle,
mais on ne m'avait pas dit que vous seriez déloyale !...

SYLVIA.

Doucement, chevalier. Je vais argumenter à mon tour.
Vous plaît-il de me dire comment, ne vous ayant jamais aimé,
j'ai pu vous être infidèle ?...

LE MARQUIS.

Oui, que réponds-tu à cela, seigneur Aristote ?...

SYLVIA.

Et comment pourrais je être déloyale, puisque je vous ai
prévenu que je ne vous aimais pas ?...

LE MARQUIS.

Par la sambleu, il est cloué !

LE CHEVALIER.

Et vous aimez le marquis ?...

LE MARQUIS, d'un air fat.

Hélas ! mon enfant !

SYLVIA.

Un peu moins que vous, et c'est pour cela que je vous
donne congé et qu'il reste ici.

LE MARQUIS.

Voilà qui est clair.

LE CHEVALIER.

Vous vous moquez, Sylvia.

SYLVIA.

Non, vraiment... vous êtes plus jeune que votre cousin.
Votre caractère est charmant, et je m'intéresse à vous, et
c'est pour cela que je ne veux ruiner ni votre cœur ni votre
bourse.

LE CHEVALIER.

Mon cœur n'est plus à moi... il ne dépend pas de moi de
le reprendre, parce que vous n'en voulez plus. Ma bourse,
j'en conviens, elle est à sec, mais vous voilà rassurée contre
la crainte de me ruiner.

SYLVIA.

Soit, mais il me prend fantaisie de faire votre fortune, et
pour cela il faut que vous soyez sage et que vous épousiez
mademoiselle Aubry.

LE CHEVALIER.

Ah ! l'on vous a parlé de mademoiselle Aubry ?...

LE MARQUIS, chantant.

En revenant de Besançon,
La belle Zizi, la belle Zozon...

LE CHEVALIER.

Alors, j'achèverai la confidence !... Oui, Sylvia, le marquis
et moi sommes logés à la même enseigne ; nous n'avons
pour fiefs que notre jeunesse et notre plumet. Nos familles
nous ont engagés aux demoiselles Aubry.

SYLVIA.

Ah ! il y a deux sœurs ?...

LE MARQUIS, chantonnant.

« J'rencontre une demoiselle, zi, zon, zi, zi..., zizelle. »

LE CHEVALIER.

Il y a deux sœurs... l'aînée est jolie et le marquis a besoin de sa dot pour acheter un régiment .. La cadette est rousse et je veux quitter l'épée pour être abbé de cour, parce qu'on n'achète pas les bénéfices comme les régiments.

LE MARQUIS, de même.

Et aux oiseaux, la belle...

SYLVIA.

Eh ! quoi, marquis ! le magnifique seigneur de ce matin n'est qu'un mousquetaire sans sou ni maille ?... Le parent généreux qui se sacrifiait n'est qu'un Frontin sans livrée ?...

LE MARQUIS.

Ah ! Lisette ! Tu es si jolie et la nature humaine est si fragile !...

LE CHEVALIER.

Te voilà démasqué, traître !

LE MARQUIS.

Ingrat, ne vois-tu pas qu'un Laguerche doit périr sous les coups de Sylvia. — Sylvia, c'est Calchas. — Tu es Iphigénie et je suis Eryphile... Je prends ta place, et je m'immole !...

SYLVIA, riant.

Non ! je suis le minotaure, je ne dévore plus les jeunes filles, comme autrefois, mais les gentilshommes. — Vous êtes bien heureux que je n'exige pas sept Laguerche... Mais je suis généreuse et n'en demande qu'un... Voyons... quelle sera la victime ?...

LE MARQUIS et LE CHEVALIER, ensemble.

Ce sera moi.

LE MARQUIS, lui prenant le bras.

En me sacrifiant, chevalier, je sacrifie peu de chose... Je suis ruiné, blasé... mais toi, tu es jeune, amoureux, plein d'illusions, tu feras ton chemin à la cour.

LE CHEVALIER.

Mais toi, tu es brave, adroit, tu feras ton chemin à l'ar-
mée.

LE MARQUIS.

Je te vois déjà favori du prince.

LE CHEVALIER.

Je te vois déjà maréchal de France.

LE MARQUIS.

Mon pauvre chevalier, écoute la voix de la raison.

LE CHEVALIER.

Mon pauvre marquis, ne repousse pas les conseils de la
sagesse.

LE MARQUIS.

Je suis ton cousin et ton ami.

LE CHEVALIER.

Je suis ton ami et ton cousin.

LE MARQUIS.

Je vais te ramener chez ton père.

LE CHEVALIER.

Je vais te reconduire chez ta mère.

LE MARQUIS, le repoussant.

Morbleu ! me prends-tu pour un écolier ?...

LE CHEVALIER.

Palsambleu ! t'imagines-tu que je sois un petit page ?

LE MARQUIS.

Ma foi ! il n'y a plus qu'un moyen de nous mettre d'accord ; que Sylvia choisisse ?...

SYLVIA.

Mais pour faire un choix, il faudrait une raison de choi-
sir ?...

LE CHEVALIER.

L'amour...

SYLVIA.

Il n'est pas venu.

LE CHEVALIER.

Ah! Sylvia!

SYLVIA.

Est-ce que vous croyez que mon amour vient comme le
vôtre, messieurs, entre le déjeuner du matin et le lansque-
net du soir? Ce que je donne, c'est ma coquetterie, c'est
mon ennui... comme vous donnez votre vanité et votre dés-
œuvrement... Mais l'amour... Eh! mon Dieu, messieurs,
essayez de le faire naître avant de vous le disputer.

LE MARQUIS.

Qu'à cela ne tienne.

SYLVIA, vivement.

Et si vous réussissiez à réveiller le cœur engourdi de Sylvia, savez-vous ce qui attendrait celui qui aura fait ce
beau miracle?...

LE CHEVALIER, avec exaltation.

Des jours délicieux...

LE MARQUIS, bas.

Des heures charmantes...

SYLVIA, froidement.

L'homme qui se serait fait aimer de moi, ne resterait pas
une minute de plus ici...

LE MARQUIS.

En voilà bien d'une autre!...

SYLVIA.

N'êtes-vous pas demeurés d'accord que j'étais le minotaure... qu'à mes côtés marchaient la ruine et presque la
mort? Ne l'avez-vous pas pensé, marquis, puisque vous êtes
venu dans mon antre, m'avez-vous dit, pour sauver le chevalier?

LE MARQUIS.

C'était une figure de rhétorique.

SYLVIA.

Non, c'était la vérité, entendons-nous bien, messieurs. Je suis une comédienne, je vis la nuit, loin du soleil, à la lumière factice du théâtre. J'ai des instincts, des sensations que n'ont pas les autres femmes. Malheur à qui s'attache à moi, il est fatalement perdu... Je dévore sa fortune, sa jeunesse, son honneur, sa vie même.

LE MARQUIS.

Tudieu, quel appétit !

SYLVIA.

Oh ! j'y mets de la conscience ; je ne ruine et je ne perds que des importuns et des indifférents... j'épargne mes amis, et si par hasard quelqu'un d'eux tombe amoureux de moi, je le mets tout simplement à la porte.

LE CHEVALIER.

Ah ! cruelle !...

SYLVIA.

Je le sauve en le congédiant...

LE MARQUIS.

Ainsi, mettre un homme à la porte, c'est votre façon de lui dire : Je vous aime...

SYLVIA.

Précisément... cette brutalité-là, messieurs, c'est ma probité, c'est ma conscience. Ah ! c'est mon cœur qui parle en ce moment, et non mon caprice. A celui que je n'aimerai pas, eh bien ! la comédienne ; à celui que j'aimerai, l'âme tout entière et le cœur de Sylvia, mais rien de plus.

LE MARQUIS.

Bon ! va pour la comédienne...

SYLVIA.

Çà, messieurs... faisons bien nos conditions... Il me faut un esclave que je puisse ruiner, tourmenter et rendre ridicule à ma fantaisie... Je garderai pour remplir ce bel emploi, celui de vous qui me déplaira. Je chasserai l'autre... Travaillez donc à vous faire détester ou adorer... selon que vous voudrez rester ou partir... Voilà qui est bien entendu, n'est-ce pas?... Salut!...

SCÈNE IV

LE MARQUIS, LE CHEVALIER.

LE CHEVALIER.

Marquis !

LE MARQUIS.

Chevalier ! Eh bien?

LE CHEVALIER.

Eh bien?

LE MARQUIS.

Arrangeons-nous.

LE CHEVALIER.

Tu vas t'en aller...

LE MARQUIS.

Au contraire, je vais rester, tu auras l'amour; moi, j'aurai la dame.

LE CHEVALIER.

Alors, bataille !

LE MARQUIS.

Bataille ! ainsi la partie est engagée; à notre jeu, beau cousin.

(Ils se séparent et vont chacun d'un côté du théâtre.)

LE CHEVALIER.

Il s'agit de se faire haïr!... Comment faire? Je suis amoureux, sentimental, prodigue!... Autant la chance d'être aimé et de perdre la partie.

LE MARQUIS.

Il s'agit de se faire haïr!... Comment faire?... Je suis blasé, assez brutal... j'ai tous les défauts et beaucoup de vices ! Peste elle va m'adorer.

LE CHEVALIER.

Eh bien ! as-tu trouvé ?

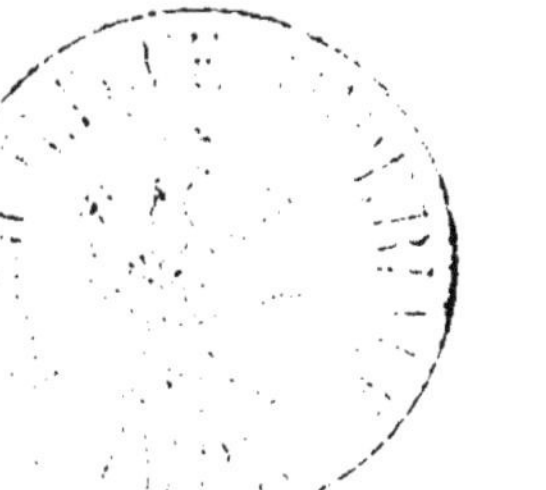

2.

LE MARQUIS.

Moi, je ne cherche même pas.., j'ai trop d'avantage sur toi. Tu es plus jeune, plus joli et plus amoureux que moi, je n'ai qu'à laisser faire la nature, je gage que notre Sylvia t'aime déjà à moitié.

LE CHEVALIER, se rapprochant.

Sylvia m'aime ! Tu crois cela ! que je suis heureux ! (Le repoussant.) Eh non ! il ne faut pas qu'elle m'aime ! Maudit jeu ! où tous les bonheurs sont des malheurs, où la jeunesse, l'amour même conspirent contre moi. Où trouver la tête de Méduse ? heureux homme, comme il est mal tourné... Parbleu ! si je me donnais la supériorité du vice pour rétablir l'équilibre ? Mais que faire ?

(Tout en parlant, il se rapproche d'une table placée à droite, auprès de laquelle il s'assoit. Il frappe du poing sur une potiche.)

LE MARQUIS.

Sois donc calme... cherche, mais ne casse pas ce magot dont la Sylvia raffole.

LE CHEVALIER.

La Sylvia raffole de ces bagatelles ? merci, c'est d'un bon ennemi. (Se levant et regardant autour de lui.) Je vais livrer bataille au Japon et à la Chine.

LE MARQUIS, à part.

Ah! povero... des violences ! La partie est à moi !

SCÈNE V

Les Mêmes, ALMANZOR.

LE CHEVALIER.

Ah ! tête ! ah ! sang !

ALMANZOR, entrant vivement par le fond.

Ah ! mon Dieu ! nos meubles... Il va tout casser. (Criant.) Mademoiselle ! mademoiselle !...

LE MARQUIS.

Imbécile ! tais-toi et écoute...

(Il lui parle bas.)

ALMANZOR, étonné.

Ah ! fort bien!...

LE MARQUIS.

As-tu compris ?

ALMANZOR.

Oui, oui...

LE MARQUIS.

Sois discret comme Harpocrate et prompt comme Mercure. (Regardant le chevalier, à part.) Va, casse! casse, je suis gardé à carreau.

LE CHEVALIER, redoublant.

Comment! elle ne vient pas! Ah! tête bleue... ah! morbleu! ah! tête! ah! sang!

SCÈNE VI

LES MÊMES, SYLVIA, entrant par la droite et criant.

SYLVIA.

Est-ce qu'il y a le feu au logis? Ah! mon Dieu! monsieur le chevalier, avez-vous perdu le sens? Eh bien, ne m'entendez-vous pas?... Êtes-vous ivre ou enragé?... Ah! mon beau magot de la Chine!... Ah! mes bergers de Saxe!... Au feu!... au feu!... Ma glace de Venise... Mais c'est un assassinat!... A la garde... au meurtre! Ah! je me meurs!... Je suis morte!...

(Elle tombe sur un fauteuil.)

LE CHEVALIER, à part.

J'ai peut-être été trop loin...Elle va me mettre à la porte... (Haut.) Qu'est-ce que vous avec donc?

(Il veut lui prendre la main.)

SYLVIA.

Ne me touchez pas!...

LE CHEVALIER.

Bah! vous n'êtes pas morte, et pour quelques tasses cassées, vous faites un bruit!...

SYLVIA.

Des tasses que je n'aurais pas données pour une couronne, et qui me venaient de vous, barbare!

LE CHEVALIER, s'attendrissant.

Eh bien... eh bien... j'ai cassé... je payerai...

LE MARQUIS.

Diable!... il s'attendrit. Je perds un point.

SYLVIA.

Ah! chevalier, qui m'aurait jamais dit qu'un homme que j'avais distingué...

(Ici le marquis se lève sur son séant et écoute. Le regard du chevalier se croise avec le sien.)

LE MARQUIS, souriant.

Ah! distingué!...

LE CHEVALIER, bas.

J'ai failli perdre! Allons, ferme, morbleu!... (Haut.) Oui, mademoiselle, je le répète, j'ai cassé, je payerai; mais on ne doit pas payer deux fois, et puisque j'ai payé avant, je ne vois pas pourquoi je payerais après.

LE MARQUIS, à part.

Je marque un point?...

LE CHEVALIER.

Nous voilà quittes!... Adieu, je vous laisse ces souvenirs aussi fragiles que votre amour... Adieu...

(Il sort.)

LE MARQUIS, à part.

Cela ne va pas mal!... Elle l'aime déjà à moitié. Achevons la partie en me faisant détester.

SCÈNE VII

SYLVIA, LE MARQUIS.

SYLVIA.

Il va revenir... Je suis certaine qu'il s'est caché derrière la porte... (Ecoutant.) non, sur l'escalier, alors... (Elle va au fond et ouvre la porte.) Non !... (Appelant.) Monsieur le cheva- l er!... Ah! ciel!... J'entends le bruit de son carrosse... Il est parti !

LE MARQUIS, à part.

A nous deux !...

SYLVIA, revenant.

Ah! marquis... mon cher marquis... jamais femme ne fut traitée de la sorte...

LE MARQUIS, feignant la surprise.

Palsambleu! on vous a insultée... Quel est le croquant ?

SYLVIA.

Mais vous n'avez donc rien entendu ?... rien vu ?...

LE MARQUIS.

Ma foi non. Je rêvais...

SYLVIA.

Le chevalier, à grands coups d'épée...

LE MARQUIS.

Oh!...

SYLVIA.

A cassé...

LE MARQUIS.

Peste !...

SYLVIA.

Mes porcelaines...

LE MARQUIS.

Ce n'est que cela ?...J'ai cru qu'il vous avait cassé un bras.

SYLVIA.

Toutes mes chinoiseries réduites en poudre!...

LE MARQUIS.

Eh! fi... vous parlez comme un traitant; vos chinoiseries, comme vos meubles, sont d'un goût détestable!... Rien des bons faiseurs... Quel est le faquin qui vous avait offert ces pauvretés, ma belle?...

SYLVIA.

C'est le chevalier.

LE MARQUIS.

Je lui sais gré d'avoir réparé sa sottise...

SCÈNE VIII

LES MÊMES, ALMANZOR, puis SALOMON.

ALMANZOR.

Les ordres de monsieur le marquis sont exécutés.

SYLVIA.

Comment?... Quels ordres?

LE MARQUIS.

Ne faites pas attention... Il faut bien balayer tout cela!... Qu'on fasse entrer M. Salomon et sa compagnie.

SALOMON, entrant, suivi de garçons tapissiers.

Faut-il procéder?...

LE MARQUIS, frappant sur le sofa.

Presto!.. presto!.. Qu'on mette d'abord cette **antiquaille** au grenier.

(Les tapissiers s'emparent des meubles qu'ils emportent.)

SYLVIA.

Qu'est-ce que cela signifie?

LE MARQUIS.

Sus! sus! Tayaut! tayaut!...

SYLVIA.

Il a donc perdu l'esprit... Mais c'est un déménagement avant le terme... Franchement, marquis, c'est drôle... (En riant et faisant voir à Salomon un guéridon.) Pardon, vous oubliez ce petit meuble-là.

SALOMON, à un garçon tapissier.

Enlevez.

SYLVIA.

Et maintenant, marquis... donnez-vous la peine de vous asseoir.

LE MARQUIS.

C'est ce que je vais faire... Des siéges, marauds... (Les tapissiers rentrent portant un meuble nouveau.) Voici le canapé inventé par la Guimard, en collaboration avec M. le prince de Soubise.

SYLVIA.

Ah! charmant!... M. de Soubise pense à tout.

LE MARQUIS.

Eh bien! et ces loques!... (Frappant sur les portières et les rideaux.) A bas! à bas!... (Les tapissiers remplacent les tentures.) Les téntures de la reine de Saba, inventées par Salomon, le roi des tapissiers... (Touchant la toilette, qu'on présente à Sylvia.) La toilette de Vénus, ou de Sylvia d'après les dessins de Boucher.

SYLVIA, se mirant.

Ah! qu'on est jolie là dedans... charmant... charmant... C'est une fée qui a créé tout cela.

LE MARQUIS.

C'est un magicien, l'amour.

SALOMON, saluant.

C'est un tapissier, votre serviteur très-humble... Monsieur le marquis est-il satisfait?

LE MARQUIS.

Coussi, coussi...

SALOMON.

C'est un impromptu.

LE MARQUIS.

Médiocre.

SALOMON, bas.

Ce ne sont pas ceux qui coûtent le moins ; vous plairait-il d'examiner mon petit mémoire ?

LE MARQUIS.

C'est bien ; voyez mon homme d'affaires...

SALOMON.

C'est que, chaque fois que je le vois, il me dit voyez mon sieur le marquis.

LE MARQUIS.

Eh bien ! vous m'avez vu... allez le voir...

SCÈNE IX

LE MARQUIS, SYLVIA.

SYLVIA.

Vous restez ?...

LE MARQUIS.

Toujours, belle Sylvia !

SYLVIA.

J'y consens, mais à une condition.

LE MARQUIS.

Ordonnez...

SYLVIA.

Vous ne me parlerez plus du chevalier.

LE MARQUIS.

Dieu m'en garde !

SYLVIA.

N'essayez pas de justifier sa conduite... elle est odieuse !...

LE MARQUIS.

Épouvantable !

SYLVIA.

Et si vous preniez sa défense, je ne vous reverrais de ma vie...

LE MARQUIS.

N'ayez point peur...

SYLVIA.

Ainsi, plus un mot sur ce sujet. Vous me le jurez.

LE MARQUIS.

J'en fais serment, et que la triple Hécate me confonde si j'y manque.

SYLVIA.

A la bonne heure !... Lekain, de la Comédie-Française, ne jure pas mieux que vous...

LE MARQUIS.

Tous les serments que je fais, ma Sylvia, c'est à vos pieds que je veux les tenir...

SYLVIA.

Vous avez fort bonne grâce à genoux. Donnez-moi cet écheveau de soie, que je le dévide. — Savez-vous que vous valez un rouet ? — Ce maladroit de chevalier ne pouvait pas rester en repos, lui.

LE MARQUIS, à part.

Je le crois bien. (Haut.) Moi, je suis en extase devant votre beauté.

SYLVIA, dévidant la soie.

J'en veux broder un ruban que vous porterez à l'épaule... Il en périra de jalousie. — Croyez-vous qu'il en périsse ?

LE MARQUIS.

Il n'aurait garde d'y manquer ; surtout quand il saura qu'elle vie nous mènerons à deux.

SYLVIA.

Vous avez des projets. Contez-moi ça.

LE MARQUIS.

C'est tout un plan...

SYLVIA.

Ah ! voyons...

LE MARQUIS.

D'abord, je ne vous quitte pas... Au théâtre, je tiendrai
votre manchon et porterai Azor dans mes bras ; au Cours
la Reine, je serai à deux pas de vous. Le soir, je coucherai
à votre porte sur une peau de tigre... Je dînerai de vos
reliefs et vivrai de vos sourires ; où vous irez, j'irai... Enfin,
je serai votre ombre.

SYLVIA.

Ce sera charmant... Quelle heure est-il ?

LE MARQUIS.

Quatre heures...

SYLVIA.

Quatre heures seulement... Oh ! Dieu !... Marquis...

LE MARQUIS.

Sylvia !

SYLVIA.

Amusez-moi...

LE MARQUIS, à part.

Bien ! Cela veut dire vous m'ennuyez... (Haut.) Vous plaît-
il que nous lisions un roman ?

SYLVIA.

Volontiers...

LE MARQUIS, lisant.

« Je me souviens, dit Amanseï d'avoir été sopha...Sopha,
» répondit le sultan... »

SYLVIA, sans l'écouter.

La conduite du chevalier est de la dernière imperti-
nence...

LE MARQUIS, lisant.

« Cela fait une terrible aventure. »

SYLVIA.

Où pensez-vous qu'il puisse être ?

LE MARQUIS.

On dit, qu'il aime votre camarade Coralie, et sans doute
en ce moment il est à ses pieds.

SYLVIA.

Mais qui est-ce qui vous demande s'il aime ou s'il n'aime
pas Coralie?

LE MARQUIS, lisant.

« Et dites-moi, étiez-vous brodé? »

SYLVIA.

Coralie est une sotte. J'aurais pardonné au chevalier d'aimer Carline qui est laide, mais spirituelle... Mais Coralie,
une statue peinte... (Regardant le marquis, qui lit toujours.) Vous
ne me répondez pas? est-ce que vous êtes sourd? Vous êtes
un impertinent...

LE MARQUIS.

Mais Sylvia, vous m'aviez ordonné...

SYLVIA.

Je vous avais ordonné... je vous avais ordonné!... Ah! que
ce meuble est incommode!... Ces tentures rouges agacent
la vue... mes tentures bleues étaient si douces à l'œil!...
un magot sans esprit, sans physionomie... Mon vieux magot avait une face si grotesquement honnête... En voici les
morceaux... Je les ferai raccommoder... Oh! je ne veux
plus voir ces vilains meubles... Bonsoir, marquis, je
dors...

LE MARQUIS.

Dormez en paix, Sylvia... je veille...

SYLVIA.

Quoi! vous restez?

LE MARQUIS.

Toujours, je vous l'ai dit.

SYLVIA, trépignant.

Almanzor! Colombine! Ah! je n'y tiens plus!... Ciel! le
chevalier!...

(Elle feint de dormir.)

LE MARQUIS.

Il était temps... j'étais à bout de grands sentiments et de
soupirs...

SCÈNE X

SYLVIA, feignant de dormir. LE MARQUIS et LE CHEVA-
LIER se croisent au fond en échangeant vivement un regard.

LE CHEVALIER.

Encore ensemble !

LE MARQUIS.

Cousin, j'ai la première manche.

LE CHEVALIER.

Tu te flattes !...

LE MARQUIS.

Eh ! non, elle me déteste déjà... toi, vas te faire adorer...

(Il sort.)

LE CHEVALIER, à part, regardant autour de lui.

Ah ! il a changé le mobilier.

SCÈNE XI

LE CHEVALIER, SYLVIA

SYLVIA, bas.

Qu'a-t-il donc à parler seul ? Est-ce qu'il n'ose pas avan-
cer... (Haut, feignant de s'éveiller.) Hum !... qui est là ?... N'est-
ce pas M. le chevalier ?...

LE CHEVALIER, feignant d'être gris.

Palsambleu !... c'est lui-même... Mais où suis-je donc ici ?
Je croyais être dans ma chambre de la rue des Maçons-
Sorbonne... Et voilà la Sylvia !... Bonjour, Sylvia...

SYLVIA.

Ah ! mon Dieu, M. le chevalier est gris... Pauvre garçon...
C'est un tour qu'on lui aura joué...

LE CHEVALIER

C'est un tour que je me suis laissé jouer... Ah! l'excellent vin des Canaries! J'en veux boire tous les jours... Conduis-moi donc sur quelque bergère, Sylvia... J'en cherche une depuis un quart d'heure, et la coquine se dérobe toujours.

SYLVIA.

Donnez moi le bras... chevalier... Je vais sonner pour qu'on vous fasse du thé.

LE CHEVALIER.

J'aimerais mieux une autre bouteille de vin des Canaries.

SYLVIA.

Mais qui vous a donc mis dans cet état-là?...

LE CHEVALIER.

Le petit poëte Pompon... Je l'ai rencontré au sortir de chez toi... J'avais du chagrin.

SYLVIA.

Mon pauvre chevalier... je ne vous en veux plus.

LE CHEVALIER, étendu.

J'en veux encore, moi... du vin des Canaries...

SYLVIA.

Je ne vous en ai même jamais voulu... Est-ce que je tiens à ces bagatelles ?... Votre cœur n'est-il pas mon véritable trésor, chevalier?... Eh! mais, je ne me trompe pas... il dort... Pauvre enfant, ne l'éveillons pas... Arrangeons-le pour qu'il puisse dormir à son aise... Il rêvera de moi, peut-être... (Le chevalier ronfle.) Oh! c'est égal. (Elle va reprendre un coussin qu'elle place sous les pieds du chevalier et lui arrange la tête.) Comme il est joli, ainsi... Ah! mon Dieu, les mouches vont l'incommoder... (Elle prend un éventail et chasse les mouches.) Ah! la vilaine mouche !...

(Elle donne un léger coup.)

LE CHEVALIER.

Au diable, la maladroite !... Vous m'avez écorché le nez.

(Il prend l'éventail et le brise.)

SYLVIA.

J'ai tué une pauvre mouche.

LE CHEVALIER.

Avec mon nez... (Il se lève brusquement.) Mais, qu'est-ce que je suis donc venu faire ici?... Pompon, m'attend au cabaret... ou plutôt, il attend ses pistoles...

(Il chante.)

Attendez-moi sous l'orme,
Vous m'attendrez longtemps.

SYLVIA.

Vous avez perdu?...

LE CHEVALIER.

Oui, mes amours.

SYLVIA.

Et vous n'avez pas de quoi payer?...

LE CHEVALIER.

Je n'ai pas le sou...

SYLVIA.

Voilà une bourse que j'ai brodée en songeant à vous.

LE CHEVALIER.

En songeant... (Bas.) Oh! mon cœur! mon cœur!... (Haut.) Fi donc, fi donc, Sylvia, je ne suis pas venu pour emprunter votre argent... (Mettant la bourse dans sa poche.) Je vous rendrai cela à ma première venue .. (A part.) Si elle ne me déteste pas à présent...

SYLVIA.

Ne parlons pas de cela... Mais promettez-moi, chevalier, que vous ne vous griserez plus, que vous ne fréquenterez plus le petit...

LE CHEVALIER, à part.

Quoi! rien encore... (Haut.) Ne dites pas de mal de Pompon, la belle. C'est mon ami. Il a une façon de battre les cartes... qui attendrirait un rocher. Je vous le présenterai.

SYLVIA.

Oh! pour cela, non.

LE CHEVALIER.

Il le faut absolument...

SYLVIA.

Et pourquoi ?...

LE CHEVALIER.

Je ne vous l'ai donc pas dit ?...

SYLVIA.

Mais, non, vraiment.

LE CHEVALIER.

Où diable ai-je donc l'esprit... Eh bien ! voici la chose,
mes amours : pendant que nous jouions au passe-dix...
Pompon m'a dit : On vous donne la Sylvia...

SYLVIA.

Le malotru !...

LE CHEVALIER.

Pompon, ai-je répondu, on ne me donne rien, la Sylvia
est à moi. C'est tout ce qui me reste de ma légitime... C'est
mon trésor, c'est mon bien...

SYLVIA.

En vérité ! Mais c'est très-indiscret, ce que vous avez dit
là... et cependant, je vous pardonne, parce que c'est très-
amoureux.

LE CHEVALIER.

Et, ce disant, je perdais la partie...

SYLVIA, tendrement.

Ne suis-je pas votre trésor ?...

LE CHEVALIER.

J'ai demandé au petit Pompon ma revanche. La Sylvia est
la reine des amours, a reparti le coquin... je jouerais bien
mille pistoles contre la Sylvia...

SYLVIA.

Vous l'avez bâtonné !

LE CHEVALIER.

J'aurais dû le bâtonner... mais... j'ai tenu l'enjeu !...

SYLVIA.

Monsieur!...

LE CHEVALIER.

Et j'ai perdu.

SYLVIA.

Votre honneur, monsieur!...

LE CHEVALIER.

Votre vertu!

SYLVIA.

Insolent!

LE CHEVALIER, à part.

Bien! bien! la voilà furieuse.

SYLVIA.

Eh! quoi, un gentilhomme, un Laguerche, a pu descendre assez bas pour insulter sa maîtresse... Mais savez-vous, monsieur, que c'est la marque la plus certaine d'une âme dégradée... Un amant est le seul qui ne puisse, sans être un misérable, faire honte à une femme de son amour. — Ah! chevalier!

LE CHEVALIER, à part.

Elle pleure!

SYLVIA.

Ce n'est pas vous qui avez parlé, n'est-ce pas? c'est l'ivresse.

LE CHEVALIER, à part.

Sa main brûlante touche la mienne. Je vais perdre, morbleu!...

SYLVIA.

Chevalier!...

LE CHEVALIER.

Sylvia, je vous ai jouée!

SYLVIA.

Encore!

LE CHEVALIER.

Je vous ai perdue!...

SYLVIA.

Et vous avez pensé?...

LE CHEVALIER.

Que vous payeriez ..

SYLVIA.

Ah ! c'en est trop... Almanzor, qu'on aille chercher le
guet... Monsieur le chevalier est ivre-mort.

LE CHEVALIER.

Ah ! palsambleu ! ah ! ventrebleu ! ah ! tête ! ah ! sang !...
Le guet !... un bâton, un bâton !...

SYLVIA.

Au secours !...

LE CHEVALIER, poursuivant Sylvia.

Je vais vous prouver, la belle, que si j'ai les jambes
chancelantes, j'ai le bras ferme...

SYLVIA, criant.

Ah ! ah ! ah !

SCÈNE XII

LES MÊMES, LE MARQUIS.

LE MARQUIS.

Holà ! holà ! fi !... Qu'est-ce ceci ?... quelle infamie ! Peste
soit le coquin de battre ainsi la Sylvia.

SYLVIA.

Et si je veux qu'il me batte, moi...

LE MARQUIS.

Ah ! c'est différent... O Molière ! (Il rend le bâton au chevalier.) Tiens !

SYLVIA, saisissant le bâton qu'elle donne elle-même au chevalier.

Tenez ! car enfin, monsieur le marquis, je ne sais pas
pourquoi vous vous mêlez sans cesse de choses qui ne vous
regardent pas.

LE MARQUIS.

Mais vous avez crié !...

SYLVIA.

Et s'il me plaît à moi de crier... Qu'avez-vous à répondre
à cela ?...

LE MARQUIS.

Rien.

SYLVIA.

Et n'est-on pas libre d'agir à sa guise et comme il convient, sans être troublé par des importuns?

LE MARQUIS.

Sans doute..

SYLVIA.

Pourquoi donc venir chez les gens sans qu'on vous appelle?...

LE MARQUIS.

J'avais cru...

SYLVIA.

Vous êtes un maladroit, et je ne sais ce qui me tient de vous faire chasser par mes laquais...

LE MARQUIS.

Ah! belle Sylvia, pouvez-vous être aussi cruelle pour le plus amoureux de vos esclaves...

SYLVIA.

Eh! pourquoi m'aimez-vous? puisque je vous déteste... et que j'aime le chevalier.

LE MARQUIS, à part.

J'ai gagné...

LE CHEVALIER, à part.

J'ai perdu!...

LE MARQUIS.

Assez joué! Belle Sylvia, mettons chacun les dés dans nos poches et prenons les enjeux.

SYLVIA.

Ciel!...

LE MARQUIS.

Allons, chevalier, exécute-toi de bonne grâce... l'amour à toi... moi, j'ai la dame... tu peux t'en aller...

LE CHEVALIER.

Marquis, un mot...

LE MARQUIS.

Chanson!... J'ai joué franc jeu! Pourquoi diable aussi vas-tu te griser et battre la Sylvia... Le moyen qu'elle ne

raffole pas de toi, à présent... tu es jeune, tu profiteras de
la leçon... Là-dessus, bonsoir...

LE CHEVALIER.

Sylvia !...

SYLVIA.

Chevalier...

LE CHEVALIER.

Adieu, Sylvia !

SYLVIA.

Adieu, chevalier...

(Ils s'embrassent et se séparent.)

LE MARQUIS, au chevalier.

Où cours-tu ?...

LE CHEVALIER.

A la rivière, pour me noyer.

LE MARQUIS.

A-t-on jamais parlé de se noyer au mois de novembre...
Brrr !... viens ça... (A Sylvia.) Et vous, la belle, où allez-
vous ?...

SYLVIA.

Je monte au grenier pour me jeter par la fenêtre...

LE MARQUIS.

Monter si haut pour descendre si bas, belle affaire !... Ça,
voyons, êtes-vous fous ?...

LE CHEVALIER.

Crois-tu que je puisse vivre sans ma Sylvia?...

SYLVIA.

Vous imaginez-vous que, lui mort, je consente à vous
appartenir ?...

LE MARQUIS.

Arrêtez !... ne sauriez-vous parler autrement qu'en orai-
son funèbre... Vous aimez donc bien le chevalier ?...

SYLVIA.

Plus que ma vie, plus que le jour...

LE MARQUIS.

Bah !... Et toi, chevalier, tu adores donc la Sylvia?...

LE CHEVALIER

Plus que ma vie, plus que le jour...

LE MARQUIS.

Eh bien ! mes enfants, aimez-vous plus que la vie, plus que le jour...

LE CHEVALIER.

Quoi !... tu consentirais ?...

LE MARQUIS.

Et le moyen !... me crois-tu un cœur à faire pleurer de si beaux yeux... vous l'emportez... J'ai perdu en croyant gagner, aimez-vous donc...

SYLVIA.

Ah ! marquis...

LE MARQUIS.

Moi, je vais me marier... Le vrai minotaure, c'est le mariage... Je vais lui livrer un Laguerche.

LE CHEVALIER.

Prends garde...

LE MARQUIS.

Bah ! tôt ou tard, on meurt toujours... J'ai joué ma dernière partie et mademoiselle Aubry a gagné... plaignez-moi, mes amis... j'aurai une femme, quelques enfants... beaucoup d'ennuis, vous serez heureux, vous viendrez quelquefois pleurer sur mon tombeau... Me marier, tout vivant !

LE CHEVALIER.

Bah ! tu trouveras le bonheur dans l'exercice de toutes les vertus !

LE MARQUIS.

Ah ! chevalier ! ne raillons plus, le jeu de Sylvia est fini !...

FIN

Paris. — Imprim. de la Librairie Nouvelle. A. Bourdilliat, 15, rue Breda.

9 782329 323800